AF237508

Liebe Leserinnen und Leser,

wie oft wünscht man sich für sich und andere Menschen eine gute Gesundheit? Wie oft sorgt man sich um seine eigene Gesundheit? Gesundheit, da sind sich alle einig, ist ein wichtiges Gut. Doch was tun wir tagtäglich für sie? Diesen Gedichtband habe ich daher dem Thema Gesundheit in all ihren Facetten gewidmet.

Viel Spaß beim Lesen meines neuen Gedichtbandes

Ihre
Heike Boeke

Heike Boeke

Gedichte

Bleiben Sie gesund

Bibliografische Information der Deutschen Nationalbibliothek:
Die Deutsche Nationalbibliothek verzeichnet diese Publikation in der Deutschen Nationalbibliografie; detaillierte bibliografische Daten sind im Internet über http://dnb.dnb.de abrufbar.

Herstellung und Verlag: BoD – Books on Demand, Norderstedt

ISBN: 9-783752 849769

Inhalt

Gesundheit wünscht man sich sehr oft
Gesund zu sein man stets erhofft

Kein Glück, so sagt man, bringt das Geld,
wenn Krankheit dann den Weg verstellt

Doch meist tut man nicht viel für sie
Man kann fast sagen, sogar nie

Bewegungslos man sitzt herum
Der Rücken dabei ist stets krumm

Mit Müll stopft man sich ständig voll
Der Magen es verdauen soll

Stets läuft man rum mit Knopf im Ohr
Musik darin aus vollem Rohr

Die Nacht wird oftmals auch zum Tag
An den Terminen es oft lag

Das neue Lebensjahr beginnt
und die Gesundheit, die verrinnt

Drum wünsch sie dir nicht nur herbei
Nimm für sie dir mal Zeit auch frei

Tu was für sie, sie wird`s dir danken
Dann wirst du weniger erkranken

Kochen möcht ich mal was frisch
Gesundes soll heut auf den Tisch

Ich schlag ein Kochbuch eifrig auf
Zum Supermarkt ich damit lauf

Was muss ich alles dafür kaufen!
Da muss ich erst einmal verschnaufen

Jetzt fehlt mir immer noch Couscous
Den Stress mir doch nicht antun muss

Ach was, ne Pizza wär auch lecker
Danach ich geh auch noch zum Bäcker

Dann leg ich mich erst einmal hin
Weil ich jetzt ganz erschöpft nun bin
Dabei ich stell ernüchtert fest
Fürs Kochen viel an Zeit man lässt

Doch will ernähren mich gesund
und will nicht werden kugelrund
Dann nehm ich mir die kostbar Zeit
und bin zum Kochen dann bereit

Ich hab ein Loch und es tut weh
Ich daher nun zum Zahnarzt geh

Oweh, die Nerven liegen blank
Ich fühle mich so furchtbar krank

Warum hab ich geschlampt so sehr
Zu meinen Zähnen war nicht fair

Der Zucker und die Kuchenstücke
sind schuld jetzt an der riesen Lücke

Es zieht mir bis ins Ohr hinauf
Ich glatte Wände hoch nun lauf

Wenn vom Stuhl gekrochen dann,
erst mal nicht mehr lachen kann

Danach schwöre ich mir fest
Die Finger jetzt vom Zucker lässt

Zudem die Zähne täglich putze
und auch die Seide dabei nutze

Doch bin ich froh, dass er ist da
und er das Loch ganz schnell auch sah
Das er beendet hat den Schmerz
und ich gefasst mir hab ein Herz

Götter nennt man sie mitunter
Steigen nie vom Thron hinunter

Unwissend sind wir und ganz klein,
wenn sie stehn im Heiligenschein

Sie werfen mit lateinischen Verben
Wir sehen vor uns nur noch Scherben

Wir trauen uns kaum das Wort zu erheben
und spüren sodann ein grollendes Beben

Studiert wir haben ja schließlich nicht
Daher wir fühlen uns klein wie ein Wicht

Doch wir sind krank und haben den Schmerz
Daher wir suchen ein mitfühlend Herz

Doch Götter, die haben ganz andere Sorgen
Die Angst,
sie müssten sich morgen was borgen

Drum versuch ihre Not zu verstehen
Dein Schmerz von allein wird sicher vergehen

Gesundheitssystem

Im System gibt`s viel Akteure
und zudem ganz viele Chöre

Jeder singt da seine Lieder
Manches wiederholt sich wieder

Plappern oftmals hohle Phrasen
Unsinn in die Luft geblasen

Giften nur den Gegner an
Nichts für den Patient getan

Miteinander niemals sprechen
Manches Mal Versprechen brechen

Soviel Geld wird da verbrannt,
weil man sich hat so verrannt

Weil nur an sich selber denkt
Soviel Möglichkeit verschenkt

Im System gibt`s viel Akteure
und zudem ganz viele Chöre

Seit Tagen merk ich immer mehr,
dass mir das Lesen fällt so schwer

Die Schrift verschwimmt, obwohl es licht
Nimmt mir ein Wimpernhaar die Sicht?

Ich halt die Zeitung weiter weg
Zu lesen hat doch keinen Zweck

Ich glaub ich muss ne Brille haben
Zum Augenarzt ich muss wohl traben

In manch Gerät schau ich hinein
Justiert es wird dabei ganz fein

Am Ende stellt der Arzt dann fest
Mit Brille besser sehn sich lässt

Jetzt kann ich sehen wieder klar,
wo nur noch ich verschwommen sah

Es kracht im Kreuz
Die Hexe lacht
Hab mich wohl verdreht heut Nacht

Komm schwer in Gang
Fühl keinen Drang
aus meinem warmen Bett hinaus
Die Stirn, sie legt sich jetzt schon kraus

Ganz krumm steh ich, es schießt hinein
Fast kann ich heben nicht mein Bein

Es hilft nichts, stell ich schmerzhaft fest
Mein Kreuz sich gerad nicht biegen lässt

Der Weg zum Arzt, er fällt mir schwer
Die Hose über meine Hüfte zerr

Wenn Muskeln streiken hilft ja Wärme
Vielleicht geh ich gleich in die Therme

Doch schaut der Arzt mich lachend an
Ein wenig Sport hätt`s auch getan

Die Hex, sie schießt nur Pfeile ab,
wenn meine Muskeln sind ganz schlapp

Drum hilft es nix, wenn ich mich schone
Mit Wärme mich allein belohne

So stell ich fest, wer rastet, rostet
Auch wenn es Überwindung kostet

Es zieht im Bauch, die Muskeln zetern
Schon bin ich auf den letzten Metern

Geschafft!
Für heut hat es gereicht
Der Schmerz schon aus dem Kreuze weicht

Sitzen

Auf meinem Stuhl sitze ich krumm
Ganz selten drehe ich mich um

Gelenk verkrampft, mein Nacken steif
 Die Schulter hoch, der Rücken reif

Die Atmung flach, die Augen trocken
Die Finger auf der Tastatur sie stocken

Ich glaub ich muss jetzt dringend raus
und mach daher Computer aus

Ich strecke mich mal richtig lang
und lauf ein wenig auf dem Gang

Ach was ich gehe gleich nach Haus
und lauf in die Natur hinaus

Schweinehund

Bewegung sagt man, die muss sein,
damit mir einschläft nicht mein Bein

Der Schweinehund jedoch ist schlauer
Er hat gelegt sich auf die Lauer

Es ist zu nass, zu kalt, zu heiß
Er daher es viel besser weiß

Es ist viel schöner hier zu sitzen,
statt schwitzend durchs Gelände flitzen

Bequemer ist`s auch hier zu liegen
und ein paar Pfunde mehr zu wiegen

Doch wenn der Schweinehund so spricht,
dann manche Krankheit ist in Sicht

Drum, wenn er flötet schließ dein Ohr,
denn Schweinehund der ist ein Tor

Er denkt nicht an die Zukunft dein
Bewegung nämlich, die muss sein

Gebrochen hab ich mir mein Bein
Ich stolperte, fiel übern Stein

Es krachte laut, der Schmerz war groß
Im Bein ein Toben ging nun los

Tatütata Tatütata
Schnell war ein Krankenwagen da

Gegipst wurd mir mein Bein geschwind,
dort wo gebrochne Knochen sind

Nach Wochen dann mit Gips am Bein,
der in der Hitze war ne Pein,
da waren dann die Muskeln weg
Zu gehen hatte keinen Zweck

Mühsam lernen musst ich`s neu
Die Krücken blieben lang mir treu

Jetzt hüpf ich über Stock und Stein
Pass auf, dass mir nicht brech ein Bein

Die Sonne scheint, die Vögel singen
In meine Schuhe will mich schwingen

Auweh, was drückt am kleinen Zeh?
Ein Hühnerauge ich da seh

Ein großes Aug mit spitzem Kern
Mit was kann ich das nur entfern?

Ich wühl im Schrank und find geschwind
Ein Pflaster um die Stelle bind

Jetzt geht's dem Auge an den Kragen
Dort sitzenbleiben wird's nicht wagen

Nach ein paar Tagen ist`s soweit
Ein Handtuch untern Fuß ich breit

Mit Hobel, Nagelfeile, Schere
mich gegens Hühnerauge wehre
Ich bohre, feile, schneide ab
Das Hühnerauge – es macht schlapp

Die Sonne scheint, ich fröhlich singe
Jetzt Fuß in meine Schuhe bringe

Am Zeh gestoßen hab ich mich
Die rosa Farbe von ihm wich

Erst rot, dann grün, nun dunkelblau
Geschockt ich auf die Zehe schau

Nun wird er dick, fängt an zu pochen
Sieht aus, als ob ihn was gestochen

Versuch zu kühlen ihn mit Wasser
Sein Angesicht wird trotzdem krasser

In keine Schuhe pass ich rein
Zu laufen ist mir helle Pein

Zum Glück ist Sommer und sehr heiß
Ich daher auf die Zähne beiß

Sandalen zieh ich mir drum an
Die Schwellung jetzt zurückgehn kann

 Nach ein paar Tagen stell ich fest
Er wieder sich bewegen lässt

Die Farbe langsam nun verblasst
Der Fuß in meinen Schuh bald passt

Bio, das sagt Jedermann
jetzt die Welt verbessern kann

Nicht nur das geschont der Boden
Ferne Wälder muss nicht roden

Auch das niemals wird gespritzt
Huhn auch nicht im Käfig sitzt

Wertgeschätzt was produziert
Auch wenn's dafür teurer wird

Drum, wenn du es dir kannst kaufen
Die Natur kann dann verschnaufen

Überleg daher auch immer
Du kannst machen es noch schlimmer

Denn wenn Nahrung nur noch billig
Herrscht nur noch die pure Gier
Der Verbraucher ist nicht willig
Leiden wird Natur und Tier

Es gibt so sonderbare Leute,
die denken nicht nur an das Heute

Die essen nur noch grüne Sachen
Darüber manche Menschen lachen

Das Leid des Tieres sehen sie,
welch Sonnenlicht erblickt fast nie

Das steht für kurze Zeit im Dreck
Damit genießt jemand den Speck

Es gibt so sonderbare Leute,
die denken nicht nur an das Heute

Fleisch

Im Fleisch sagt man, steckt Lebenskraft
und essen soll man`s, wenn man schafft

Doch hinter jedem Stück steckt Leben
Das wurde für dich hingegeben

Befriedigt werden die Gelüste,
obwohl man sie nicht haben müsste

Jedoch das Leid des Tieres, das geschlachtet
Das wurd so sträflich kalt missachtet

Das vollgepumpt mit Medizin
Konnt engem Stall nicht mal entfliehn

Dies Fleisch, es kann gesund nicht sein,
das hergestellt aus höchster Pein

Drum überleg bevor du isst
Das Leid des Tieres nicht vergisst

Ein Fisch soll essen man pro Woche
Drum freitags Fisch ich manchmal koche

Doch sah ich unlängst ein Bericht
Das Plastik wird mit aufgetischt

Denn dort im Meer schwimmt ganz viel Müll
Mit dem ich meinen Gelbsack füll

Der Fisch, der hungrig schwimmt umher
Der findet Müll jetzt nur im Meer

Drum frisst er das, was ich verschwendet
Mit Müll im Magen er verendet

Dann kommt er bei mir auf den Tisch
Gesund nicht sein kann dieser Fisch

Welch Anteil hast du selbst daran?
Den Plastikmüll daher verbann!

Ich steh vor dem Regal mit Eiern,
denn morgen möchte ich was feiern

Drum möchte ich viel Kuchen backen
Die Zeit sie hängt mir schon im Nacken

Und wieder steh ich vor der Wahl
Denn Eier gibt`s in großer Zahl

Da gibt es Hühner die im Käfig
Auch welche die am Boden schläfrig
Im Freiland glücklich picken sie
Jedoch gesehen hab ichs nie

Welcher Versprechung soll ich glauben?
Was kann ich mir denn jetzt erlauben?

Ich greif zum Freilandei geschwind
Hoff diese Hühner glücklich sind

Morgens quäl mich aus dem Bett
Ach liegen bleiben wär so nett

Blind tappe ich zur Küche hin,
denn Widerstand hat keinen Sinn

Der Automat steht noch im Schlaf
Er ahnt jedoch schon mein Bedarf

Laut springt er an, als ich die Tast gedrückt
Das Mahlwerk hör ich ganz verzückt

Der Kaffeeduft umgibt mich jetzt
Zufrieden hab mich hingesetzt

Die Glieder sich nun langsam regen
Der Kaffee ist ein wahrer Segen

Milch

In Milch, so sagt man, steckt viel Kraft
Sie ist so ein gesunder Saft

Doch wag ich es, das zu probieren,
dann liegt ich bald auf allen vieren

Der Magen krampft, es bläht sich laut
so, als ob sie nicht verdaut

Dann merk ich bald die Milch ist gut,
für alles, was da lauthals muuht

Der Mensch jedoch, dass stell ich fest,
die Finger lieber davon lässt

Die Sonne strahlt vom Himmel runter
Entblößt ich lege mich darunter

Wenn`s dann zu heiß, ins Wasser spring,
denn Sonnencrem ist nicht mein Ding

Da klebt der Sand in allen Poren
Er rieselt sogar in die Ohren

Ein kühler Wind umgibt mich doch
Die Sonn jedoch, die brennt ein Loch

Ich brate trotzdem vor mich hin
und merk gar nicht, wie dumm ich bin

Am Abend merke ich jedoch,
dass ich inwendig nun auch koch

Es glüht der Kopf, die Haut ist rot
Ich zittre nun in heller Not

Gewaltig stach sie zu, die Sonne
Sie brachte mir nur kurze Wonne

Das nächste Mal, dass schwöre ich,
setz untern Sonnenschirm ich mich

Für alles gibt es eine Pille
Gescheffelt wird so manche Mille

An Wunderwerke wird geglaubt
und der Verstand, der wird geraubt

Für alles wirft man sich was rein
Von Verantwortung sich kann so befrein

Warum soll ich gesund denn leben,
wenn Pillen doch es schnell beheben?

Warum soll darben und verzichten,
wenn Pillen können`s wieder richten?

Drum bau ich auf die Industrie
Die findet schon was für mein Knie

Die findet auch was für mein Fett,
damit ich essen kann mein Mett

Die macht auch meine Leber fit,
wenn überschreit Promilleschnitt

Sein Leben lässt dafür manch Tier
und unterstützt wird manche Gier

Doch trotzdem möcht ich nicht verzichten
Die Industrie, sie wird`s schon richten

Verstopft sind meine Poren
Pickel bis zu den Ohren

Büschen gleichen meine Brauen
Auf Kosmetik werd ich bauen

Meine Haut zudem ist rau
und mein Haar ist auch noch grau

Leg mich auf die Liege nieder
Hör dabei gedämpfte Lieder

Mein Gesicht wird sanft massiert
Aller Stress sich jetzt verliert

Ach wie schön ist solche Stund
Dies ich möcht hier machen kund

Ich schau im Spiegel mich nun an
Die Zeit sie viel zu schnell verrann

Manch Falte seh ich im Gesicht
Besonders, wenn gar hell das Licht

Manch Nacht, die schlaflos ich verbracht
und dort, wo ich hab oft gelacht

Die Falten, sie erzählen es,
die jetzt das sitzen nun so kess

Doch bin ich auch ganz stolz auf sie
Sie Würze dem Gesicht verlieh

Mein Leben zeigen sie mir auf
und wie es nahm so seinen Lauf

Drum lieb ich sie, so wie sie sind
Denn schließlich bin ich nicht mehr Kind

Die Augen trüb, Gebiss im Mund
und oft gelegen sich auch wund

Der Gang so schwer, das Kreuz tut weh
Nur mühsam jetzt durchs Leben geh

Der Zahn der Zeit, er hat genagt
man hört nur, wenn was laut gesagt

Das Alter ist voll Müh und Last
Man oft nun halten muss zur Rast

Wie schnell das Leben ging vorbei
Man zählte kaum von eins bis drei

Gesundheit zählt jetzt noch viel mehr
und oft vermisst man sie so sehr

Gestellt wird man aufs Abstellgleis
Gestempelt als ein alter Greis

Im Heim beraubt der Würde oft
und doch auf die Gesellschaft hofft

Ein alter Mensch ist nichts mehr wert
Doch manchem Heim viel Geld beschert

Mein Herz hüpft hoch, ich lache laut
Das Eis in meinen Adern taut

Mein Atem schwingt jetzt wieder frei
Manch Ärger ist jetzt einerlei

Um Tage jünger fühl mich gleich
Gesicht, es fühlt sich an ganz weich

Es steigt die Stimmung wie die Flut
Ich fasse nun auch wieder Mut

Drum lach, wenn`s gar zu ernst dir wird
Dies gute Laune dann gebiert

Erschöpft bin ich und ohne Mut
Ach heute ist mir nicht so gut

Ich weiß nicht was ist mit mir los!
Warum bin ich so traurig bloß?

Ich bin so müde ohne Lust
In mir da tobt ein großer Frust

Was ist es, was mich traurig macht?
Was hat mich um den Schlaf gebracht?

Ist`s, weil ich gerad den Sinn nicht seh?
Ist`s, weil mir tut mein Kreuz so weh?

Ist`s, weil ich mich gestritten hab?
Warum geht`s mit mir so bergab?

Ich brauch jetzt wieder einen Sinn!
Ergründen, wer und was ich bin

Dann bin ich wieder frohgemut
Und alles wird bald wieder gut

Halsweh

Der Hals, er kratzt, ich schlucke schwer
Das Sprechen fällt mir schwer so sehr

Jetzt weiß ich, wo ich hab`s bekommen
Das Cabrio ich hab genommen

Der Schal er flog mir ins Gesicht
Er nahm mir dann auch noch die Sicht
Drum legte ich ihn fröhlich ab
Daher ich fühl mich heut so schlapp

In meinem Bett lieg ich und leide
Mit offnem Dach das Fahren meide

Mückenstich

Es juckt, die Stelle wird ganz rot
Wo fand ne Mücke ihren Tod

Doch war `s zu spät, sie stach noch zu
Jetzt hab ich stundenlang nicht Ruh

Sie schlich sich an trotz Mückenspray
Die Stelle tut nun höllisch weh

Vermisse daher bunt Gefieder
Das auch noch sang so schöne Lieder

Doch dort wo keine mehr vorhanden
Die Mücken Paradiese fanden

Die Augen tränen, verstopft die Nase
Der Kopf tut weh, vor Schmerz ich rase

Die Glieder sind so schwer wie Blei
und essen kann ich nur noch Brei

Der Hals der kratzt, die Zunge weiß
Ich frier und trotzdem ist mir heiß

Wo hab ich das nur wieder her?
Das Denken fällt mir auch sehr schwer

Geschüttelt hab ich eine Hand
Auf der die Vire sich befand

Dann bin ich damit ins Gesicht
Und eine Pore war nicht dicht

Die Vire fand den Weg hinein
und jetzt ist sie nicht mehr allein

Drum leid ich jetzt so vor mich hin
Das Händewaschen macht halt Sinn

Frühling ist`s, die Pollen fliegen
Immunsysteme bald erliegen

Das Auge tränt, die Nase zu
Des Nachts man findet keine Ruh

Wie hass ich Birke, Haselnuss,
wenn ständig dann ich niesen muss

Oh, wenn es endlich regnen würde,
denn Pollen sind mir eine Bürde

Sie fliegen dort, wo ich gerad sitze
Verstecken sich in jeder Ritze

Ach wär die Wüste doch jetzt toll,
dann hätt ich nicht die Nase voll

Ins neue Heim zieht man beglückt
Beseelt ist man und ganz verzückt

So neu ist alles und so schick
Die Wände sind besonders dick

Dichte Dreifachfensterscheiben
Der Lärm er kann nun draußen bleiben

Geschwängert die Luft mit Farbe ist
Im Neubau, da wird nichts vermisst

Der Winter kommt und kalt die Wände
Man reibt sich die verfror 'nen Hände

Man dreht die Heizung auf ganz leicht
Die Kälte aus der Wohnung weicht

Doch eines Morgens stellt man fest
Im Eck sich Schimmel nieder lässt

Verärgert ruft man den Vermieter
Der führt sich auf wie ein Gebieter

Der Neubau ist halt noch sehr feucht
Die Näss man aus dem Fenster scheucht

Indem man lüftet Tag und Nacht
und wartet, bis die Sonne lacht

Doch Wohnung ist tagsüber leer
Zu lüften fällt daher sehr schwer

Voll Wut gezetert und gestritten
Vermieters Schuld, die wird bestritten

So steht man da und grummelt laut
Warum so dicht wird denn gebaut?

Und wütend bleibt man dann zurück
Entfernt den Schimmel Stück um Stück

Man sagt ja, schwimmen ist gesund
Man kann verlieren ein paar Pfund

So geh ich in ein Sportgeschäft
Die Hände halten buntes Heft

Dort find ich Mode für das Bad
Manch Fummel auf den Arm mir lad

Kabinenlicht ist kalt und flimmert
Manch Ader durch die Haut nun schimmert

Ich zwäng mich in das Badezeug
Ganz kritisch mich sodann beäug

Oweh, wie sieht das denn nur aus?
So geh ich ganz bestimmt nicht raus!

Ich glaub, ich lass das schwimmen sein
Muss anders mich vom Bauch befrein

Es summt und blüht, Natur erwacht
Die Sonne mir durchs Fenster lacht

Könnt springen, lachen, Späße machen
Und kämpfen selbst mit einem Drachen

Mit meiner Kraft weiß nicht wohin
Im Raum mich hält jetzt nichts mehr drin

Ne schöne Maid kreuzt meinen Weg
Sodann ich mich ins Zeug nun leg

Die Brust geschwellt, ein Augenblitz
Heraus kommt schnell ein guter Witz

Die Maid, sie lacht und schaut verlegen
Zu einem Eis kann sie bewegen

Solch Glücksgefühl, wie wundervoll
Mein Füllhorn, das ist übervoll

Wenn sorgenschwer mein Herz läuft über
und die Gedanken werden trüber

Dann brauch ich jemand der hört zu,
damit ich kommen kann zur Ruh

Nicht einer, der mit Rat erwidert
und niemand der sich nur anbiedert

Nein, jemand der mir Freund dann ist
Gerad, wenn mein Leben ist so trist

Der einfach mich im Arm dann wiegt
Dann heitre Stimmung wieder siegt

Besuch

Der Tag tropft langsam von den Wänden
Die Zeit verrinnt mir in den Händen

Die Uhr sie tickt so Stund um Stund
und tut die Zeit mir stündlich kund

Wie schön wär`s, wenn Besuch jetzt käme
Damit die Zeit mich nicht so lähme

Damit ich könnt mit jemand sprechen
und Langeweile so durchbrechen

Doch warum soll ich darauf warten
Auch ich kann nen Besuch doch starten

So wag ich`s, rufe einfach an
und mach mich auf den Weg sodann

Gemeinsam stellen wir dann fest,
wie Langeweile sich bekämpfen lässt

In fernes Land bin ich gereist,
um mir zu bilden meinen Geist

Kultur und Schätze möcht ich sehen
Fremde Menschen möcht verstehen

Doch just am dritten Tag
mein Zimmer nicht verlassen mag

Im Darm hör ich verdächtiges Geräusch
Ich hoff nur, dass ich mich noch täusch

Doch Irgendwas steigt mir nach oben
Im Magen herrscht ein wildes Toben

Gerad heut wollt ich doch Großes sehen
und jetzt kann ich noch nicht mal stehen

Ich leide höllisch, lieg im Bette
und immer nur ins Bad mich rette
Kultur und Schätze sah ich nicht
Noch nicht einmal das Sonnenlicht

Man sagt, beim Fasten sieht man klar
Wird schmal dort, wo ein Hügel war

Der Geist entschlackt, der Darm ist leer
Das Denken fällt so gar nicht schwer

Drum Fasten ist jetzt wieder in
Auf das es schmilzt, das Doppelkinn
Auf das der Geist sieht wieder klar
Danach man fühlt sich wie ein Star

Wie angebacken sitzt es fest
So wenig Ruhe mir es lässt

An Oberschenkeln, Hüfte, Bauch,
obwohl ich nur gegessen Lauch

Wie Patex klebt`s und will nicht wanken
Am liebsten möchte ich mit ihm zanken

Doch ich will ihm jetzt an den Kragen
An die Diät will ich mich wagen

Dem Darm geb Zeit ich zum Verdauen
und hab nicht ständig was zu Kauen

Acht Stunden nur ess ich nach Lust
Dann hab ich bald nicht mehr den Frust

Geduld jedoch, die muss ich haben
und ab und zu auch einmal darben

Doch schließlich sitzt die Hose wieder
und ich kann pfeifen Frühlingslieder

Mobilität, die ist viel wert,
auch wenn die Lunge sich beschwert

Man muss doch schnell von Ziel zu Ziel,
auch, wenn es Staub macht viel zu viel

Und auch wenn ich die Welt verruße,
muss tuen ich bestimmt nicht Buße

Denn schuld dran bin ich sicher nicht
Ich bin ja nur der arme Wicht

Drum fahr ich weiter durch die Lande,
bis mir bezahlt die freche Bande,
wozu ich selbst nicht bin imstande

Der Wertverlust ist schlimm genug
Ich muss verkraften den Betrug

Drum Lunge stell dich nicht so an
Ich nämlich nichts dafür ja kann

Ich sitz so träumend im Café
Fremden Menschen vor mir seh

Jeder Tisch ist voll besetzt
In meine Nähe sich gesetzt

Legt sein Handy vor sich hin
Pafft jetzt mit erhobnen Kinn

Grimmig bin ich voller Wut,
denn das find ich gar nicht gut

Wind bläst Dreck mir in die Nase
Jetzt noch innerlich ich rase

Nicht nur das er nicht gefragt,
dass ich auch hab nichts gesagt

Das gezwungen bin zu gehen
Raucher kann das nicht verstehen

Ein Gläschen Wein, das ist erhebend
Mitunter kann es sein belebend

Doch Achtung allzu viel ist schlecht
Man denkt, man ist ein toller Hecht
Als Schaf, das blökt nun laut daher,
denn Zunge sie wird auch so schwer

Die Leber krampft, die Niere spuckt
Passiert dann, wenn Zuviel geschluckt

Digital soll sein mein Leben
Nach Digitalem soll ich streben

Der Kühlschrank wird gefüllt von ganz allein
Zur Tür hinaus setz ich kein Bein

Der Arzt ruft digital mich an
Die Diagnose fällt sodann
Ein Roboter bringt mit in mein Bett
und unterhält sich mit mir nett

Das Denken ich kann stellen ein
Digital mein Leben wird nun sein

Druckerstaub

Mein Drucker hustet, spuckt und schweigt
Gerad heute nun schon wieder streikt

Ich reiß die Klappe auf, stell fest
Papier sich nicht bewegen lässt

Jetzt nehm ich die Kartusche raus
Die Hand, sie sieht ganz schwarz nun aus

Und wieder hab ich ihn geschluckt,
denn Druckerstaub hat er gespuckt

Das Teil ist ganz bestimmt nicht gut,
wenn die Kartusche sich entlud

Was solls, jedoch den Druck ich brauch
Auch, wenn dann aufsteigt schwarzer Rauch

Mein Zimmer voller Kabelschnüre
Sie winden sich durch manche Türe

Das Handy funkt in jede Richtung
Für Google ideale Sichtung

Ganz langsam ist die Datenbahn
Es stockt im Raum das World-Wlan

Das Fernsehen sendet digital
Elektrosmog in großer Zahl

Mein Körper ist schon ganz verwirrt
In Strahlungen sich jetzt verliert

Ich zieh mir eine Bluse an
Bekomme heftig Schlag sodann

Aus Polyester sie gewebt
Sogar mein Haar nach oben strebt

Sie riecht ganz komisch nach Metall
Doch knittert sie auf keinen Fall

Nach längrem Tragen juckt es mich
Es bilden kleine Pusteln sich

Ich schau aufs Schild und stelle fest
Mit 60 sie sich waschen lässt

Doch die Chemie, sie tut nicht gut
Drum bin ich jetzt auch auf der Hut

Auch, wenn sie billig ist gewesen,
das nächste Mal es wird gelesen

Denn meine Haut schrie laut Protest
und überreden sich nicht lässt

Man sagt ein Stein, der schwingt
und Energie er bringt

Drum leg ich ihn auf eine Stelle
Durchfließt mich wie ne warme Welle

Ich komm zur Ruhe, sehe klar,
dort wo ich nur noch Hürden sah

Die Harmonie, sie kehrt zurück
Der Stein, er hat mich ganz verzückt

Ganz warm liegt er mir in der Hand
Das richtge Chakra ich wohl fand

Mein Körper ist ein großer Wagen
Fünf Pferde ihn durchs Leben tragen

Sie heißen die fünf Sinne
Mit Yoga sie gewinne

Das Auge manchmal müde ist
Der Mund auch oftmals falsches isst

Die Haut fühlt sich oft trocken an
Die Nase Duft nicht riechen kann

Das Ohr hört widerwillig zu
Yoga bringt die fünf zur Ruh

Der Verstand den Wagen lenkt
Den Glücksmoment die Seele fängt

Es wächst in meinem Zimmer grün
mitunter auch die Blumen blühn

Die Luft ist klar, es duftet fein
Hier möcht ich immer gerne sein

Das Grün beruhigt und macht mich froh,
wenn Stress mir zusetzt manchmal so

Drum freu ich mich, dass ich euch habe
Ins Leben bringt ihr mir manch Farbe

Neid

Widerwärtig ist der Neid
Bringt sehr oft gar viel an Leid

Lässt dich schwanken
und auch zanken

Facht die Habgier an und Wut
Der Gesundheit tut nicht gut

Kur

Ich muss zur Kur, wurd mir gesagt
Der Zahn der Zeit an mir genagt

So fahr ich also jetzt ans Meer,
denn Seeluft, die bekommt mir sehr

Ich wandre Watt und ess gesund
Es geht mir besser Stund um Stund

Manch Vortrag hör ich mir auch an,
wie ich mein Leben ändern kann

Gestärkt ich kehr nach Haus zurück
Zur Kur zu fahren war ein Glück

Gesundheit nachhaltig gestalten
Meine Ressourcen besser verwalten

Tagtäglich hör ich diesen Rat
Will umsetzen ihn jetzt in die Tat

Ich schwing mich auf das Fahrrad rauf
und abends eine Runde lauf

Zum Frühstück nur noch Müsli esse
und lesen tu ich Hermann Hesse

Jetzt kauf ich auch nur Bio ein
und hau mir keine Pizza rein

Chemie die kommt mir nicht ins Haus
und Plastikflaschen fliegen raus

Dann kauf ich auch nur regional,
wenn ich jetzt habe eine Wahl

Ich trage nur noch Baumwollsocken
In denen kann ich richtig rocken

Statt Fleisch Gemüse ess ich mehr
und kauf dort, wo der Handel fair

Im Urlaub bleibe ich im Land,
denn schöne Plätze ich hier fand

So kann ich ein Anteil geben
und heute auch nachhaltig leben

Singen pfeifen, tanzen, lachen
Viel für die Gesundheit machen

Freude schenken, lustig sein
Auch mal trinken ein Glas Wein

Freunde treffen, Hobbys pflegen,
Gesund zu sein, das ist ein Segen

Zu schätzen, was man hat zum Leben
Davon sogar was abzugeben

Neid und Zwietracht zu vermeiden
Denn Gesundheit kann dann leiden
Freuen sich an der Natur
Nicht zu schnell sein auf der Spur

Innehalten, nachzudenken
Andern Freude auch zu schenken

Ja dein Körper wird`s dir danken
und dann weniger erkranken

Er ist mir treu und lang Gefährte,
seit Unglück mir ein Tag bescherte

Im Bett lag ich, konnt nicht mehr gehen
Noch nicht einmal ich konnte stehen

Ein rasend Wagen streckt mich nieder
Im Krankenhaus ich fand mich wieder

Soll ich nie wieder Wiesen sehen?
Mein Kummer, er wollt nicht vergehen

Wozu soll ich noch leben hier?
Kam vor mir wie ein wildes Tier

Gefangen war ich und allein
Das Leben war mir eine Pein

Dann eines Tages stand er da
Ich bunt Gefährt nun vor mir sah

Man half mir in den Sitz hinein
und winkelt an mein schlaffes Bein

Ein Gurt hielt mich am Sitz ganz fest
Man vorsichtig mich fahren lässt

Ich dreh ne Kurve, bremse hart,
bevor ich komm in volle Fahrt

Jetzt will ich raus, die Sonne spür,
als mir geöffnet wird die Tür

Auch wenn das Leben jetzt beschwerlich,
die Fahrt mit dir, die ist so herrlich

Nur würd ich wünschen mir so sehr,
dass man zu uns doch wäre fair

Denn oftmals stehen wir vor Hürden,
die gern wir überwinden würden

Pflasterstein schön anzusehen,
doch für uns nicht zu begehen

Bordsteinkante hoch und hart,
bremst uns aus in voller Fahrt

Stufen, Treppen fahrstuhllos
Wie komme ich hinauf dort bloß?

Denkt doch auch an uns ihr Leute,
die ihr noch gesund seid heute

Denn auch euch es könnt geschehen,
plötzlich könnt ihr nicht mehr gehen

So anders bin ich, sagt der Mann
als er den Säugling schaute an

Bin anders, als die andren Kinder
Geliebt werd ich jedoch nicht minder

Kann Späße machen, herzlich lachen
Auch dumme Sachen kann ich machen

Doch schaun die Leute mich oft an,
als ob ich schlimmes hab getan

Vielleicht, weil ich so anders bin
Jedoch, es macht für mich nicht Sinn

Ich hab zwei Beine, Arme auch,
doch manchmal eben Hilfe brauch

Wenn ich die andren Kinder sehe
und mich dann so im Kreise drehe

Dann merk ich, das ich bin, wie sie,
auch wenn studieren werd ich nie

Ich weiß jedoch, ich werd was schaffen,
auch wenn die Leute ständig gaffen

Ich bin ein Mensch, der wertvoll ist,
auch, wenn mein Nächster das vergisst

Krankenschwestern

Eine Schwester soll sie sein den Kranken
und nicht von ihrer Seite wanken

Doch oftmals kann sie es nicht sein
auch, wenn sie ausreißt sich ein Bein
Denn Schwester muss sie sein für viele
Zudem erreichen viele Ziele

Durch lange Flure hastet sie
und Zeit zum Reden hat sie nie

Man fragt sich daher als Patient
„Ob sie mich als Patient auch kennt?"

Verwundert ist jedoch man dann,
wenn sie den Namen nennen kann

Bewundernd schaut man hinterher
Die Krankenschwester hat es schwer

Und trotzdem sieht sie mir es an,
wenn ich die Hilfe brauchen kann

Ihr Ziel ist es, dass ich bald fit
Als Schwester fühlt sie darum mit

Drum allen Schwestern sei hier Dank
Die uns gepflegt als wir warn krank

Gedichte Mensch

ISBN: 978-3-7460-3383-9
Gedichte über und für Menschen

Gedichtband Natur

ISBN: 978-3-7460-1687-0
Gedichte über die Schönheit der Natur

Tiergeschichten
von Heike Boeke
*ISBN: 978-3-7460-3467-**6***

Lassen Sie sich überzeugen von Caro, die den Mut hatte sich ihre Träume zu erfüllen, von Marvin der lernte, dass er auch als Erpel die Welt erobern kann und von Clothilde, die merkte, das Ballast hinderlich ist, um ein Ziel zu erreichen.

Wie oft träumen wir von etwas und trauen uns nicht unseren Traum Realität werden zu lassen ? Wie oft denken wir das reichere, schönere und erfolgreichere Menschen es besser haben? Wie oft hindert uns der tägliche Ballast unsere gesetzten Ziele zu erreichen? Lassen Sie sich von meinen drei Geschichten verzaubern ,die sowohl für Erwachsene als auch für Kinder von mir geschrieben worden sind.

Erfülle dir deine Träume!
Werfe den Ballast über Bord!

Tiergeschichten
von Heike Boeke
ISBN: 978-3-7460-7557-0

Nachdem meine Tiergeschichten von Caro, Marvin und Clothilde viele Leser und Leserinnen gefunden haben, möchte ich nun einen weiteren Band mit Geschichten vorstellen.

Die Geschichten erzählen von Mut, Freundschaft, bestandenen Gefahren und Menschen, die Tiere als das behandeln, was sie sind - Lebewesen.

Echte Freundschaft kennt keine Grenzen